школа - skola 2
подорож - ceļojums 5
транспорт - transports 8
місто - pilsēta 10
ландшафт - ainava 14
ресторан - restorāns 17
супермаркет - lielveikals 20
напої - dzērieni 22
їжа - ēdiens 23
ферма - zemnieku saimniecība 27
дім - māja 31
вітальня - viesistaba 33
кухня - virtuve 35
ванна кімната - vannas istaba 38
дитяча кімната - bērnu istaba 42
одяг - apģērbs 44
офіс - birojs 49
економіка - ekonomika 51
професії - profesijas 53
інструменти - instrumenti 56
музичні інструменти - mūzikas instrumenti 57
зоопарк - zooloģiskais dārzs 59
спорт - sports 62
дії - darbības 63
сім'я - ģimene 67
тіло - ķermenis 68
лікарня - slimnīca 72
аварійний випадок - ārkārtas gadījums 76
Земля - zeme 77
годинник - pulkstenis 79
тиждень - nedēļa 80
рік - gads 81
форми - formas 83
фарби - krāsas 84
протилежності - pretstati 85
числа - skaitļi 88
мови - Valodas 90
хто / що / як - kas / ko / kā 91
де - kur 92

Impressum
Verlag: BABADADA GmbH, Nedderfeld 112 , 22529 Hamburg
Geschäftsführer / Verlagsleitung: Harald Hof
Druck: Books on Demand GmbH, In de Tarpen 42, 22848 Norderstedt

Imprint
Publisher: BABADADA GmbH, Nedderfeld 112 , 22529 Hamburg, Germany
Managing Director / Publishing direction: Harald Hof
Print: Books on Demand GmbH, In de Tarpen 42, 22848 Norderstedt, Germany

# школа

# skola

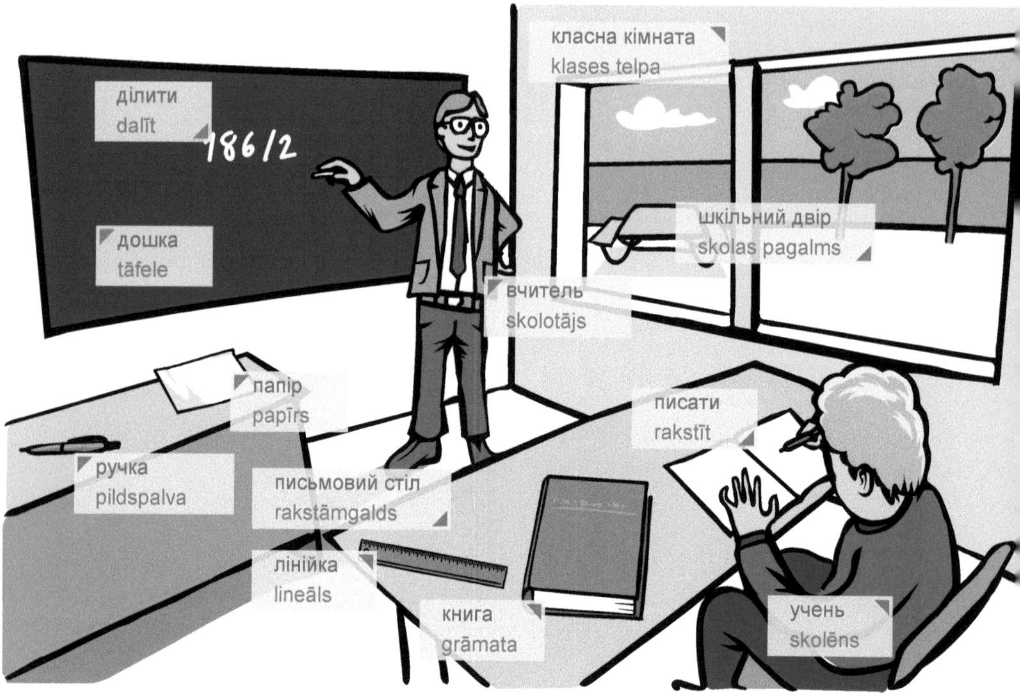

класна кімната
klases telpa
ділити
dalīt
186/2
дошка
tāfele
шкільний двір
skolas pagalms
вчитель
skolotājs
папір
papīrs
писати
rakstīt
ручка
pildspalva
письмовий стіл
rakstāmgalds
лінійка
lineāls
книга
grāmata
учень
skolēns


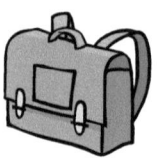

ранець

skolas soma

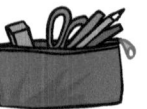

пенал

penālis

олівець

zīmulis

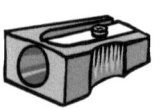

точило

zīmuļu asināmais

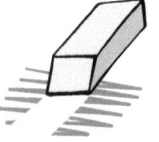

гумка

dzēšgumija

альбом для малювання

zīmēšanas bloks

малюнок

zīmējums

пензель

ota

коробка фарб

krāsas

ножиці

šķēres

клей

līme

зошит

darba burtnīca

домашнє завдання

mājas darbs

число

skaitlis

додавати

saskaitīt

віднімати

atņemt

множити

reizināt

рахувати

rēķināt

літера

burts

абетка

alfabēts

слово

vārds

текст

teksts

читати

lasīt

крейда

krīts

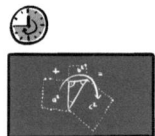

година

mācību stunda

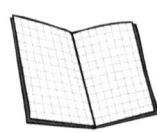

класний журнал

žurnāls

екзамен

eksāmens

диплом

liecība

шкільна форма

skolas forma

освіта

izglītība

лексикон

enciklopēdija

університет

universitāte

мікроскоп

mikroskops

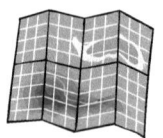

карта

karte

кошик для паперу

papīrgrozs

# подорож
# ceļojums

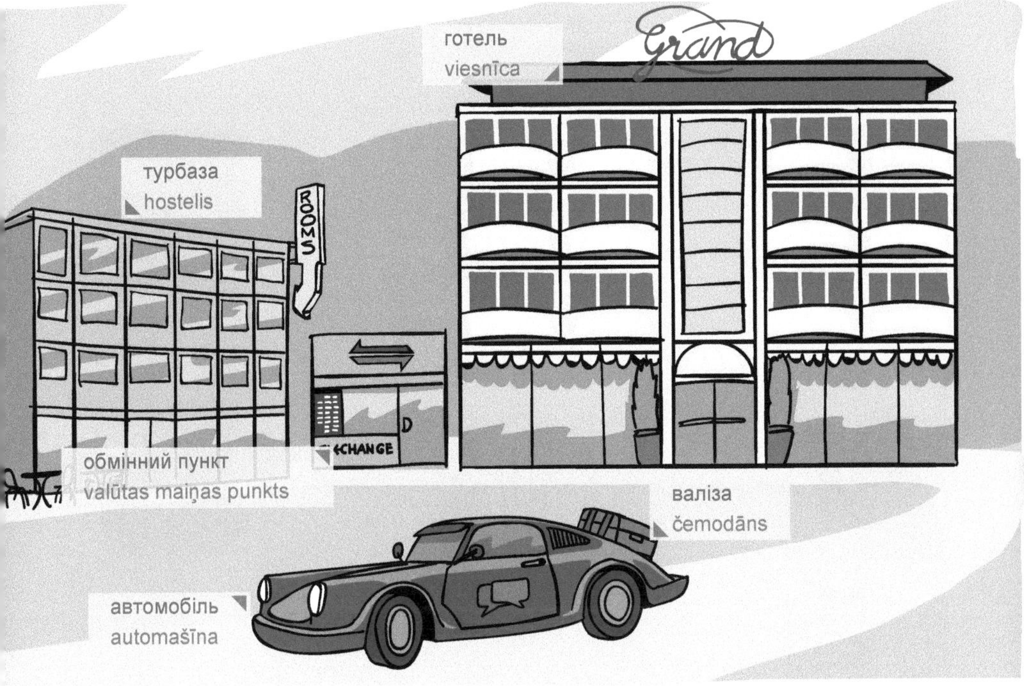

готель
viesnīca
Grand
турбаза
hostelis
ROOMS
обмінний пункт
valūtas maiņas punkts
CHANGE
валіза
čemodāns
автомобіль
automašīna

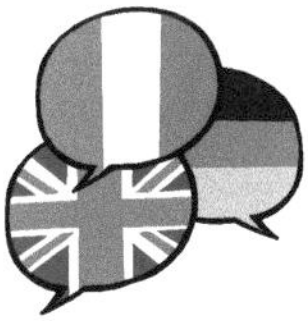

мова
Valoda

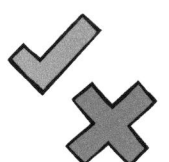

так / ні
jā / nē

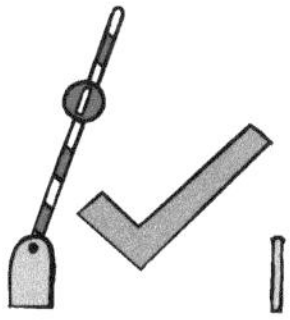

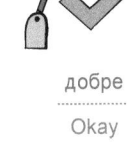

добре
Okay

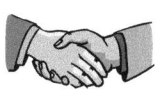

привіт
Sveiki!

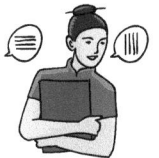

перекладач
tulks

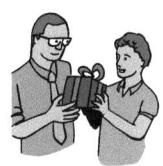

дякую
paldies

Скільки коштує ...?

Cik maksā...?

Я не розумію

Es nesaprotu

проблема

problēma

Добрий вечір!

Labvakar!

Доброго ранку!

Labrīt!

На добраніч!

Ar labu nakti!

До побачення

Uz redzēšanos

напрямок

virziens

багаж

bagāža

сумка

soma

рюкзак

mugursoma

гість

viesis

кімната

istaba

спальний мішок

guļammaiss

намет

telts

туристична інформація

tūrisma informācija

пляж

pludmale

кредитна картка

kredītkarte

сніданок

brokastis

обід

pusdienas

вечеря

vakariņas

квиток

biļete

ліфт

lifts

поштова марка

pastmarka

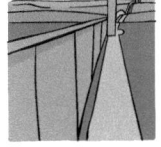

межа

robeža

митниця

muita

посольство

vēstniecība

віза

vīza

паспорт

pase

# транспорт
# transports

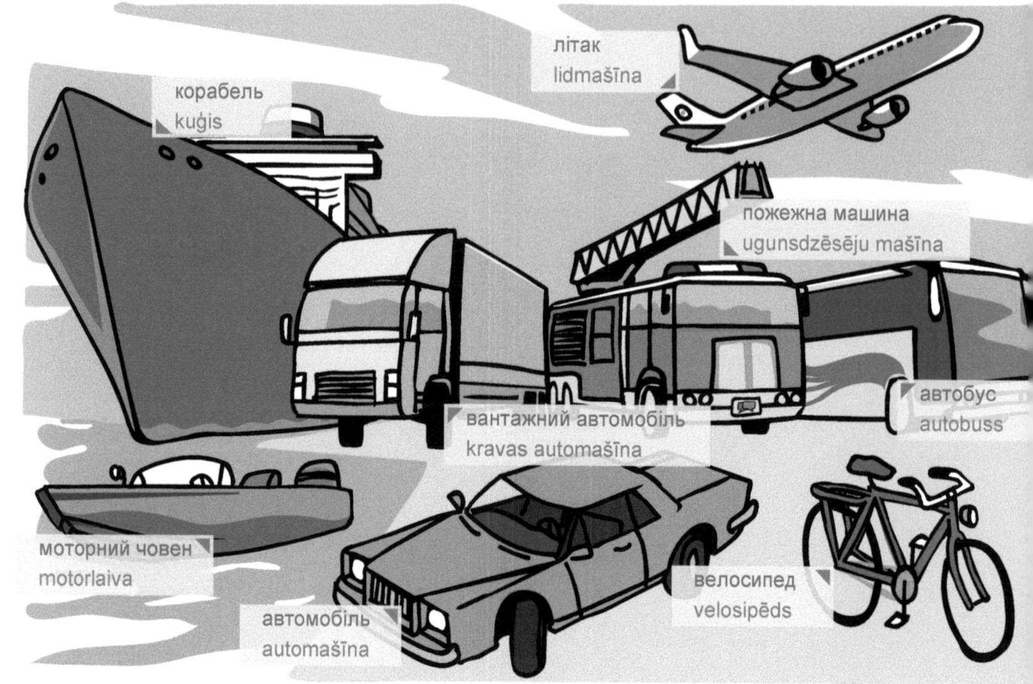

корабель
kuģis
літак
lidmašīna
пожежна машина
ugunsdzēsēju mašīna
вантажний автомобіль
kravas automašīna
автобус
autobuss
моторний човен
motorlaiva
велосипед
velosipēds
автомобіль
automašīna


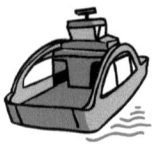

пором

prāmis

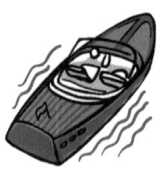

човен

laiva

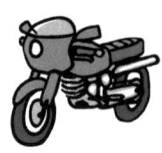

мотоцикл

motocikls

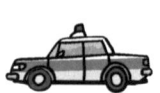

поліцейська машина

policijas automašīna

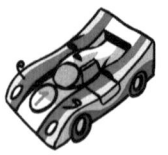

гоночний автомобіль

sacīkšu automobilis

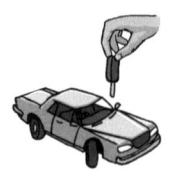

автомобіль на прокат

nomas auto

спільне користування авто

auto koplietošana

евакуатор

evakuators

сміттєвоз

atkritumu mašīna

двигун

dzinējs

паливо

benzīns

автозаправна станція

degvielas uzpildes stacija

дорожній знак

ceļa zīme

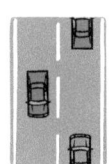

рух

satiksme

затор

sastrēgums

стоянка

stāvvieta

вокзал

dzelzceļa stacija

рейки

sliedes

потяг

vilciens

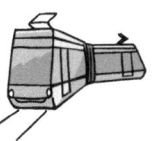

трамвай

tramvajs

вагон

vagons

транспорт - transports

9

гелікоптер

helikopters

аеропорт

lidosta

вежа

tornis

пасажир

pasažieris

контейнер

konteiners

коробка

kaste

візок

ratiņi

кошик

grozs

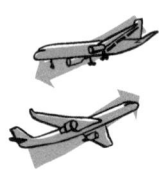

стартувати / приземлятися

pacelties / nosēsties

# місто

## pilsēta

село

ciems

центр міста

pilsētas centrs

дім

māja

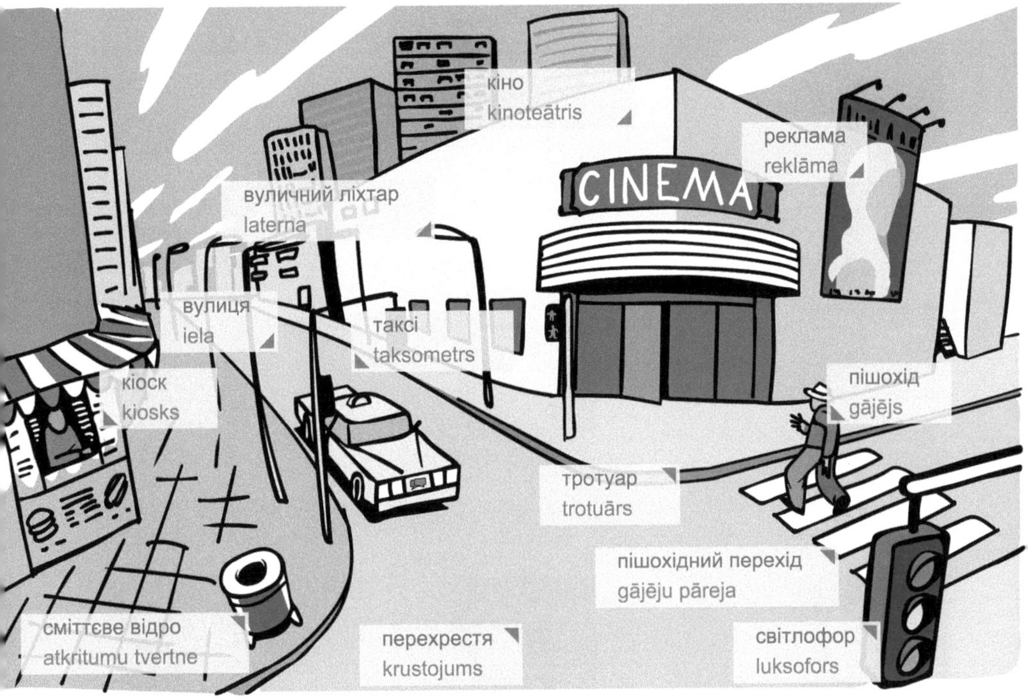

CINEMA
кіно
kinoteātris
реклама
reklāma
вуличний ліхтар
laterna
вулиця
iela
таксі
taksometrs
кіоск
kiosks
пішохід
gājējs
тротуар
trotuārs
пішохідний перехід
gājēju pāreja
сміттєве відро
atkritumu tvertne
перехрестя
krustojums
світлофор
luksofors

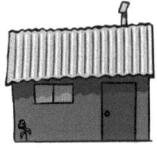

хатина

būda

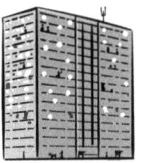

квартира

dzīvoklis

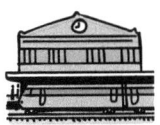

вокзал

dzelzceļa stacija

ратуша

rātsnams

MUSEUM

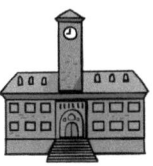

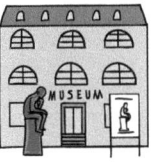

музей

muzejs

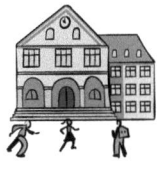

школа

skola

університет
universitāte

банк
banka

лікарня
slimnīca

готель
viesnīca

аптека
aptieka

офіс
birojs

книжковий магазин
grāmatnīca

магазин
veikals

квітковий магазин
ziedu veikals

супермаркет
lielveikals

ринок
tirgus

універмаг
tirdzniecības centrs

торговець рибою
zivju tirgotājs

торговельний центр
tirdzniecības centrs

гавань
osta

парк

parks

лава

sols

міст

tilts

сходи

kāpnes

метро

metro

тунель

tunelis

автобусна зупинка

autobusa pieturvieta

бар

bārs

ресторан

restorāns

поштова скринька

pastkastīte

вулична табличка

ielas nosaukuma plāksne

лічильник паркування

stāvlaika skaitītājs

зоопарк

zooloģiskais dārzs

басейн

peldbaseins

мечеть

mošeja

ферма

zemnieku saimniecība

забруднення навколишнього середовища

vides piesārņojums

кладовище

kapsēta

церква

baznīca

дитячий майданчик

spēļu laukums

храм

templis

## ландшафт

## ainava

листок
lapa

вказівний стовп
ceļrādis

шлях
ceļš

луг
pļava

камінь
akmens

мандрівник
ceļotājs

дерево
koks

річка
upe

трава
zāle

квітка
puķe

долина
ieleja

гора
kalns

озеро
ezers

ліс
mežs

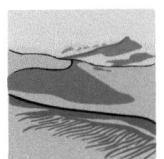

пустеля
tuksnesis

вулкан
vulkāns

замок
pils

веселка
varavīksne

гриб
sēne

пальма
palma

комар
moskīts

муха
muša

мурашка
skudra

бджола
bite

павук
zirneklis

жук

vabole

жаба

varde

вивірка

vāvere

їжак

ezis

заєць

zaķis

сова

pūce

птах

putns

лебідь

gulbis

кабан

meža cūka

олень

briedis

лось

alnis

гребля

aizsprosts

вітряк

vēja ģenerators

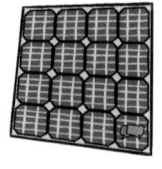

сонячний модуль

saules baterija

клімат

klimats

# ресторан

# restorāns

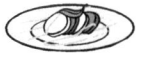

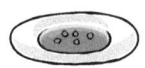

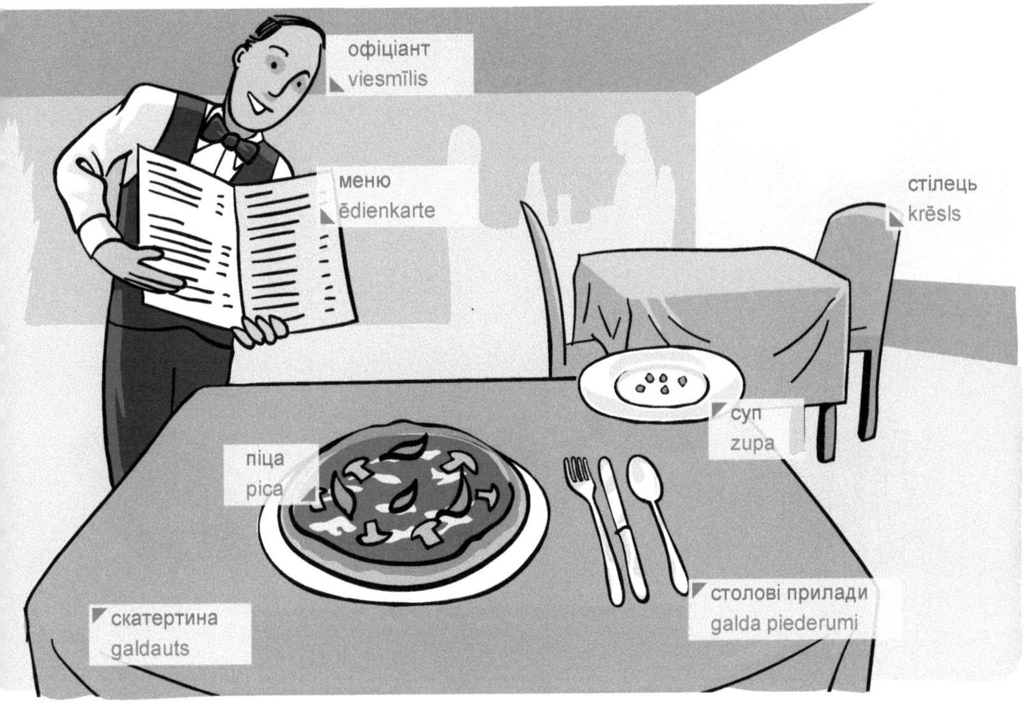
офіціант
viesmīlis
меню
ēdienkarte
стілець
krēsls
суп
zupa
піца
pica
столові прилади
galda piederumi
скатертина
galdauts

закуска

uzkoda

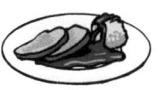

друга страва

pamatēdiens

десерт

deserts

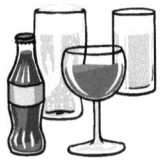

напої

dzērieni

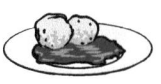

їжа

ēdiens

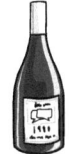

пляшка

pudele

фаст-фуд

ātrās uzkodas

вулична їжа

ielu uzkodas

чайник

tējkanna

цукорниця

cukurtrauks

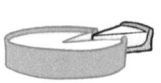

порція

porcija

еспресо-машина

espresso kafijas automāts

високий стільчик

bāra krēsls

рахунок

rēķins

піднос

paplāte

ніж

nazis

вилка

dakša

ложка

karote

чайна ложка

tējkarote

серветка

salvete

склянка

glāze

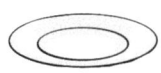

тарілка

šķīvis

тарілка для супу

zupas šķīvis

блюдце

apakštase

соус

mērce

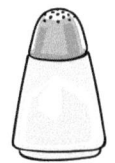

солонка

sāls trauciņš

млин для перцю

piparu dzirnaviņas

оцет

etiķis

масло

eļļa

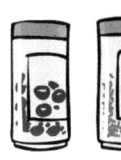

спеції

garšvielas

кетчуп

kečups

гірчиця

sinepes

майонез

majonēze

# супермаркет

# lielveikals

пропозиція
piedāvājums
FOR
клієнт
klients
молочні продукти
piena produkti
фрукти
augļi
візок для покупок
iepirkumu ratiņi


BUTCHERS


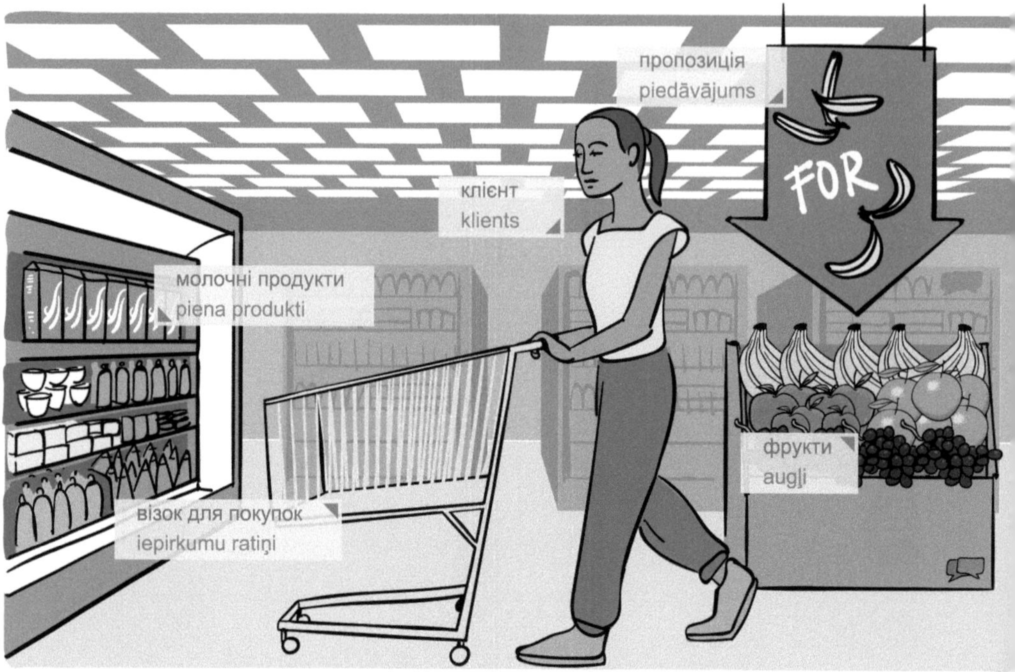

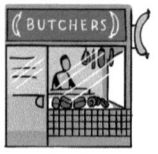

м'ясний магазин

kautuve

BAKERY

пекарня

maizes veikals

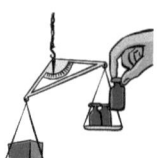

зважувати

svērt

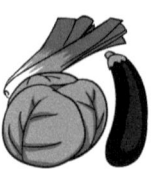

овочі

dārzeņi

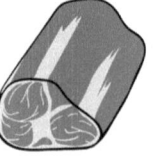

м'ясо

gaļa

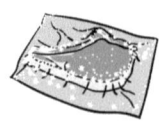

заморожені продукти

saldēti produkti

ковбасна нарізка
aukstās gaļas uzkodas

консерви
konservi

пральний порошок
pulveris

солодощі
saldumi

предмети домашнього побуту
mājsaimniecības preces

мийний засіб
tīrīšanas līdzeklis

продавщиця
pārdevēja

каса
kase

касир
kasieris

список покупок
iepirkumu saraksts

часи роботи
darba laiks

гаманець
maks

кредитна картка
kredītkarte

сумка
soma

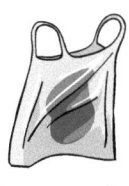

поліетиленовий пакет
maisiņš

вода

ūdens

сік

sula

молоко

piens

кола

kola

вино

vīns

пиво

alus

алкоголь

alkohols

какао

kakao

чай

tēja

кава

kafija

еспресо

espresso

капучіно

kapučīno

банан

banāns

яблуко

ābols

апельсин

apelsīns

кавун

melone

лимон

citrons

морква

burkāns

часник

ķiploks

бамбук

bambuss

цибуля

sīpols

гриб

sēne

горішки

rieksti

локшина

makaroni

спагеті

spageti

рис

rīsi

салат

salāti

картопля фрі

frī kartupeļi

смажена картопля

cepti kartupeļi

піца

pica

гамбургер

hamburgers

бутерброд

sviestmaize

шніцель

šnicele

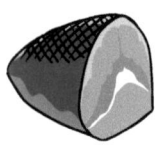

шинка

šķiņķis

салямі

salami

ковбаса

desa

курка

vista

печеня

cepetis

риба

zivs

вівсяні пластівці

auzu pārslas

мюслі

muslis

кукурудзяні пластівці

brokastu pārslas

борошно

milti

круасан

radziņš

булочка

brokastu maizītes

хліб

maize

тостовий хліб

tostermaize

печиво

cepumi

масло

sviests

сир

biezpiens

пиріг

kūka

яйце

ola

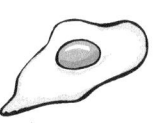

яєчня

cepta ola

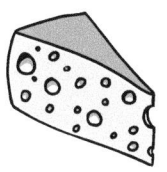

сир

siers

морозиво

saldējums

цукор

cukurs

мед

medus

мармелад

marmelāde

нуга-крем

riekstu krēms

карі

karijs

# ферма
# zemnieku saimniecība

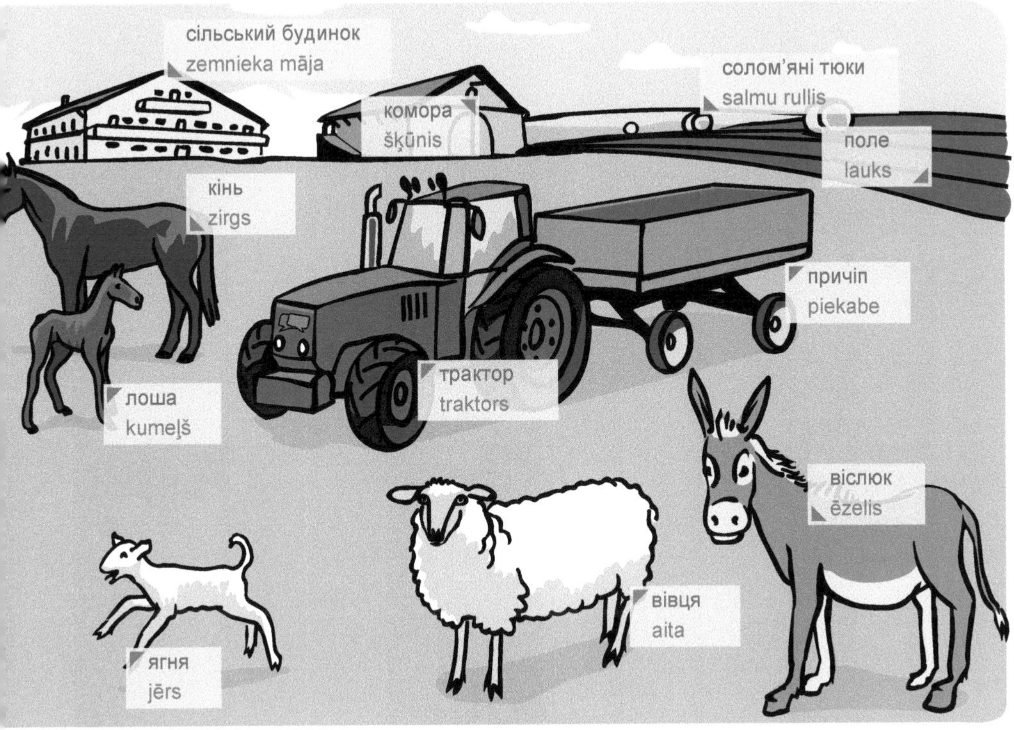
сільський будинок
zemnieka māja
комора
šķūnis
солом'яні тюки
salmu rullis
поле
lauks
кінь
zirgs
причіп
piekabe
трактор
traktors
лоша
kumeļš
віслюк
ēzelis
вівця
aita
ягня
jērs

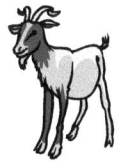

коза
kaza

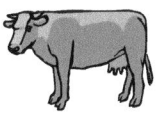

корова
govs

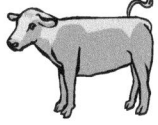

теля
teļš

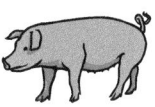

свиня
cūka

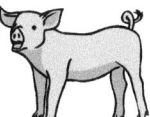

порося
sivēns

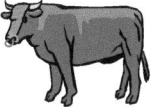

бик
bullis

гусак

zoss

качка

pīle

курча

cālis

курка

vista

півень

gailis

щур

žurka

кіт

kaķis

миша

pele

віл

vērsis

собака

suns

собача будка

suņa būda

садовий шланг

dārza šļūtene

лійка

lejkanna

коса

izkapts

плуг

arkls

серп
sirpis

мотика
kaplis

вила
mēslu dakša

сокира
cirvis

тачка
ķerra

корито
sile

бідон молока
piena kanna

мішок
maiss

паркан
žogs

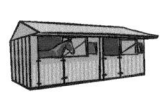

хлів
kūts

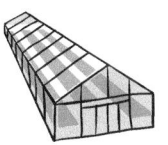

теплиця
siltumnīca

ґрунт
augsne

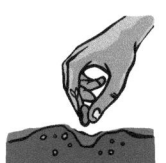

насіння
sēklas

добриво
mēslojums

комбайн
kombains

пожинати

novākt ražu

урожай

raža

корінь ямсу

jamss

пшениця

kvieši

соя

soja

картопля

kartupelis

кукурудза

kukurūza

ріпак

rapsis

плодове дерево

augļu koks

маніок

manioka

злаки

labība

# дім

# māja

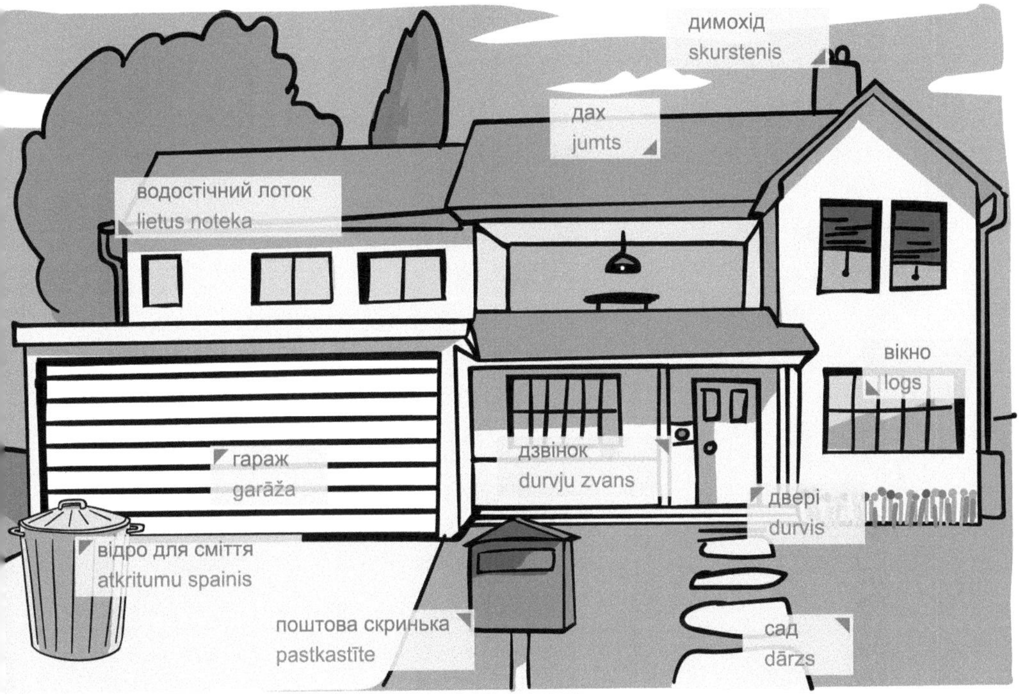

димохід
skurstenis
дах
jumts
водостічний лоток
lietus noteka
вікно
logs
гараж
garāža
дзвінок
durvju zvans
двері
durvis
відро для сміття
atkritumu spainis
поштова скринька
pastkastīte
сад
dārzs


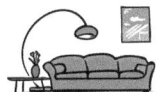

вітальня

viesistaba

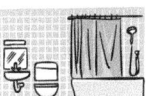

ванна кімната

vannas istaba

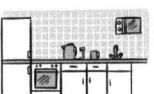

кухня

virtuve

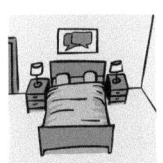

спальня

guļamistaba

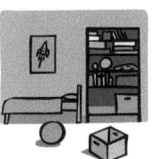

дитяча кімната

bērnu istaba

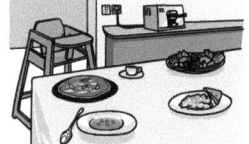

їдальня

ēdamistaba

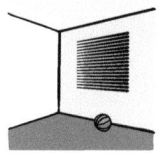

підлога
grīda

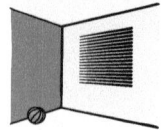

стіна
siena

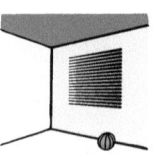

стеля
griesti

підвал
pagrabs

сауна
sauna

балкон
balkons

тераса
terase

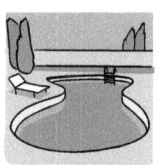

басейн
baseins

косарка
zāles pļāvējs

простирало
gultas veļa

ковдра
sega

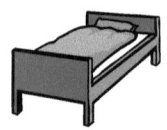

ліжко
gulta

мітла
slota

відро
spainis

перемикач
slēdzis

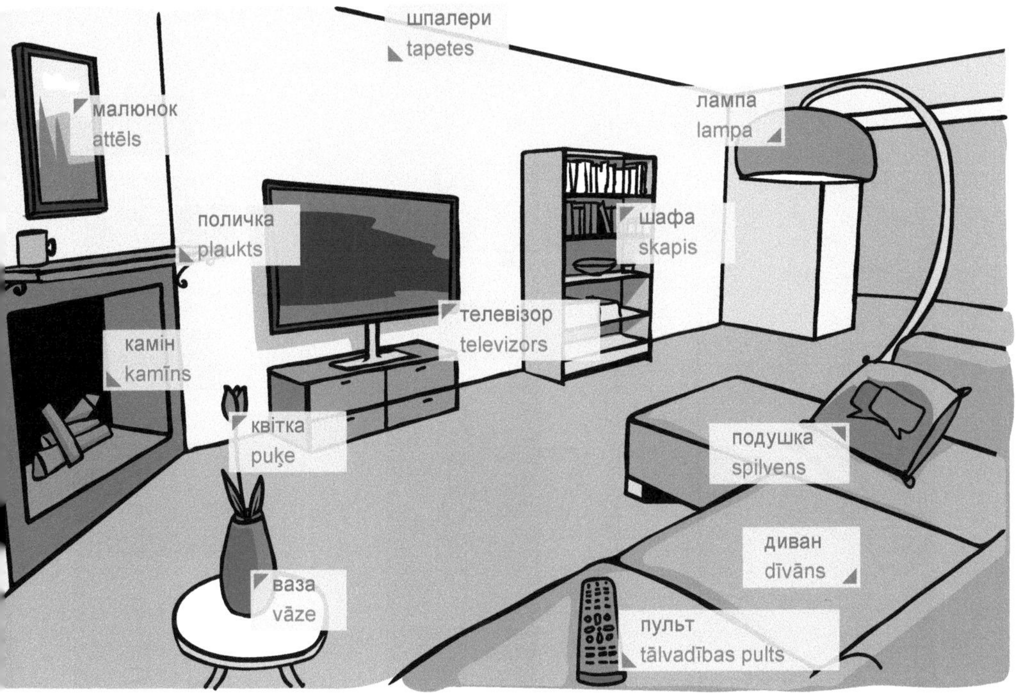

малюнок
attēls

шпалери
tapetes

лампа
lampa

поличка
plaukts

шафа
skapis

камін
kamīns

телевізор
televizors

квітка
puķe

подушка
spilvens

ваза
vāze

диван
dīvāns

пульт
tālvadības pults

килим

paklājs

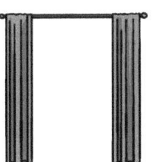

завіса

aizkars

стіл

galds

стілець

krēsls

крісло-гойдалка

šūpuļkrēsls

крісло

atpūtas krēsls

книга

grāmata

ковдра

sega

прикраса

dekorācija

дрова

malka

фільм

filma

стереосистема

mūzikas centrs

ключ

atslēga

газета

avīze

картина

glezna

плакат

plakāts

радіо

radio

блокнот

pierakstu blociņš

пилосос

putekļu sūcējs

кактус

kaktuss

свічка

svece

# кухня
# virtuve

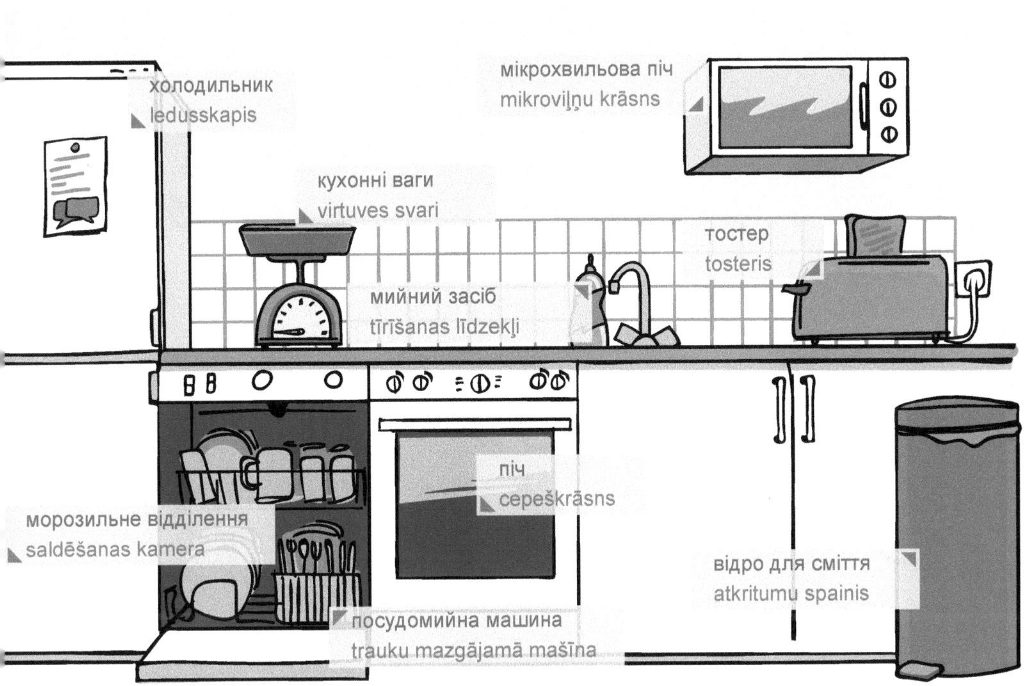

холодильник
ledusskapis
мікрохвильова піч
mikroviļņu krāsns
кухонні ваги
virtuves svari
тостер
tosteris
мийний засіб
tīrīšanas līdzekļi
піч
cepeškrāsns
морозильне відділення
saldēšanas kamera
відро для сміття
atkritumu spainis
посудомийна машина
trauku mazgājamā mašīna


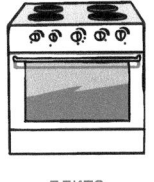

плита
.................
plīts

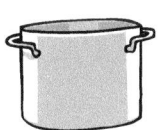

горщик
.................
pods

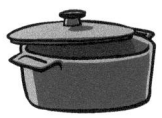

чавунний горщик
.................
katls

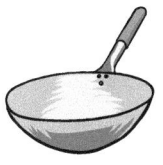

вок / кадай
.................
Wok panna

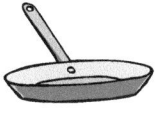

сковорода
.................
panna

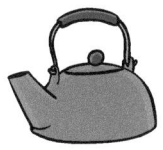

чайник
.................
elektriskā tējkanna

пароварка

tvaika katls

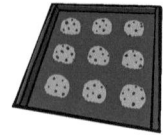

лист

cepešpanna

посуд

trauki

кухоль

krūze

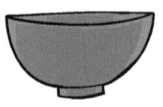

чаша

bļoda

палички для їжі

irbulīši

черпак

kauss

лопатка

lāpstiņa

вінчик для збивання

putošanas slotiņa

сито

sietiņš

сито

siets

терка

rīve

ступка

piesta

барбекю

grilēt

багаття

atklāts pavards

дошка
dēlis

качалка
mīklas rullis

штопор
korķu vilķis

конзерва
bundža

відкривачка
konservu nazis

прихватки
virtuves cimdi

раковина
izlietne

щітка
birste

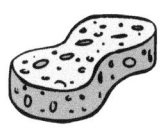

губка
sūklis

міксер
mikseris

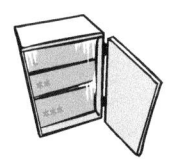

морозильна камера
saldētava

дитяча пляшка
bērna pudelīte

кран
ūdenskrāns

кухня - virtuve

# ванна кімната

# vannas istaba

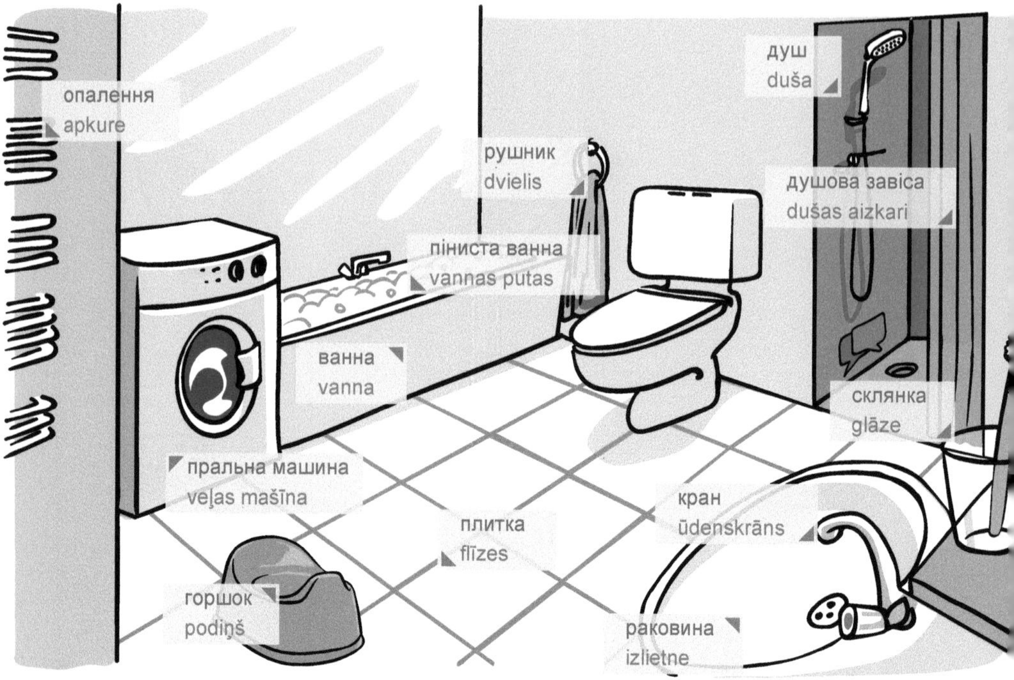

опалення
apkure
душ
duša
рушник
dvielis
душова завіса
dušas aizkari
пiниста ванна
vannas putas
ванна
vanna
склянка
glāze
пральна машина
veļas mašīna
кран
ūdenskrāns
плитка
flīzes
горшок
podiņš
раковина
izlietne


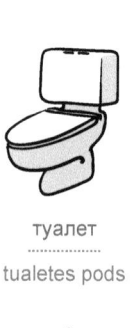

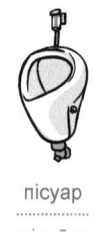

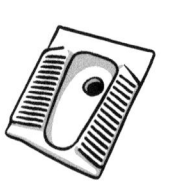

туалет

tualetes pods

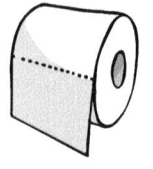

підлоговий туалет

Āzijas tipa tualete

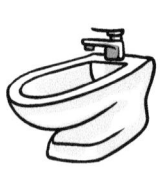

біде

bidē

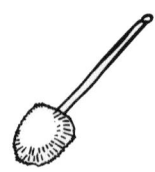

пісуар

pisuārs

туалетний папір

tualetes papīs

щітка для туалету

tualetes birste

зубна щітка

zobu birste

зубна паста

zobu pasta

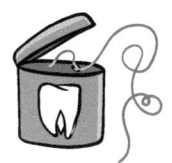

нитка для чищення зубів

zobu diegs

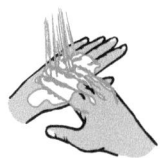

мити

mazgāt

ручний душ

rokas duša

інтимний душ

duša

таз

bļoda

щітка для спини

muguras mazgāšanas birste

мило

ziepes

гель для душу

dušas želeja

шампунь

šampūns

мочалка

mazgāšanas drāna

водостік

noteka

крем

krēms

дезодорант

dezodorants

дзеркало

spogulis

косметичне дзеркало

spogulītis

бритва

skuveklis

піна для гоління

skūšanās putas

лосьйон після гоління

losjons pēc skūšanās

гребінь

ķemme

щітка

matu suka

фен

matu fēns

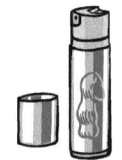

лак для волосся

matu laka

косметика

grima komplekts

губна помада

lūpu krāsa

лак для нігтів

nagulaka

вата

vate

ножиці для нігтів

šķērītes

парфум

smaržas

косметичка

kosmētikas maks

табурет

ķeblītis

ваги

svari

халат

halāts

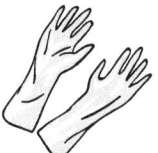

гумові рукавички

tīrīšanas cimdi

тампон

tampons

гігієнічні прокладки

pakete

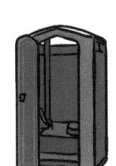

біотуалет

ķīmiskā tualete

# дитяча кімната
# bērnu istaba

будильник
modinātājs
м'яка іграшка
mīkstā rotaļlieta
іграшковий автомобіль
spēļu automašīna
брязкальце
grabulis
ляльковий будиночок
leļļu māja
подарунок
dāvana

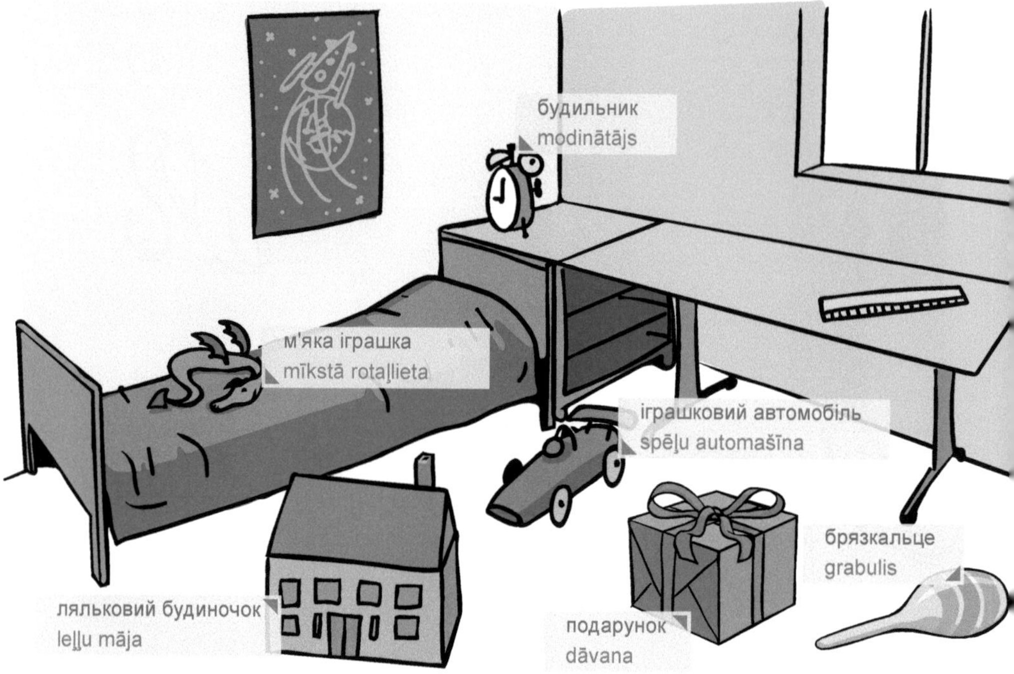

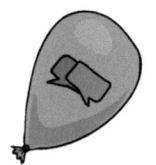

повітряна кулька

balons

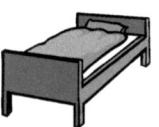

ліжко

gulta

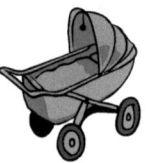

дитячий візок

bērnu ratiņi

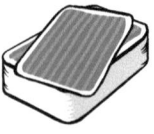

картярська гра

kārtis

пазл

puzle

SUPER
MEGA

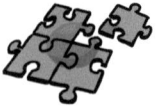

комікс

komikss

лего цеглинки

LEGO klucīši

блоки

klucīši

іграшкова фігурка

varoņu figūra

повзунки

rāpulītis

фризбі

lidojošais šķīvītis

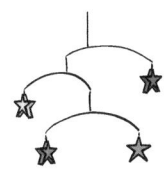

мобіле

muzikālais karuselis

настільна гра

galda spēle

кубик

metamais kauliņš

модель залізнична станція

rotaļu dzelzceļš

соска

māneklis

вечірка

ballīte

книжка з картинками

bilžu grāmata

м'яч

bumba

лялька

lelle

грати

spēlēt

пісочниця

smilšu kaste

гойдалка

šūpoles

іграшка

rotaļlietas

гральна консоль

spēļu konsole

триколісний велосипед

trīsritenis

плюшевий мішка

plīša lācītis

шафа

drēbju skapis

## одяг

## apģērbs

шкарпетки

īszeķes

панчохи

zeķes

колготки

zeķbikses

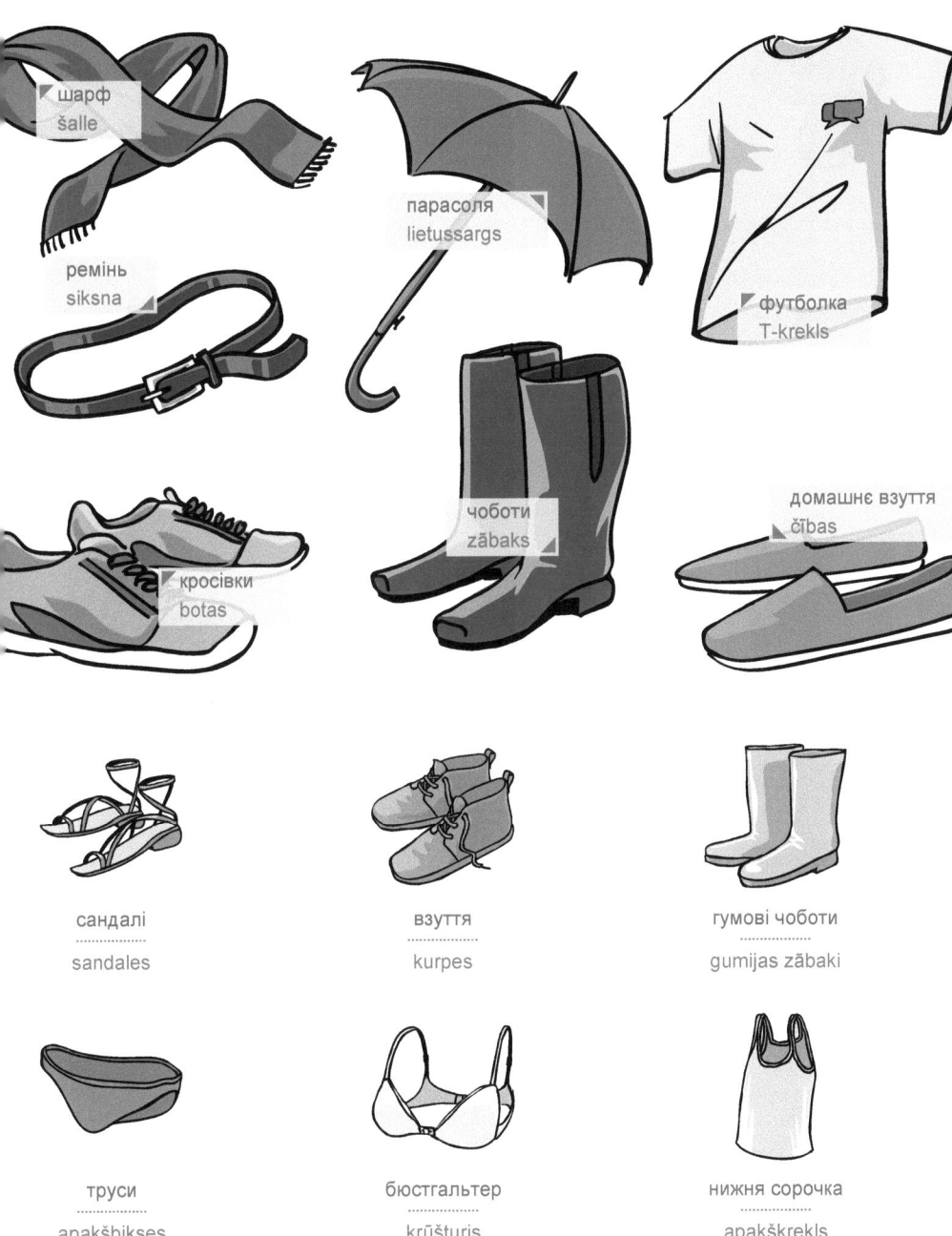

шарф
šalle

ремінь
siksna

парасоля
lietussargs

футболка
T-krekls

чоботи
zābaks

домашнє взуття
čības

кросівки
botas

сандалі
..............
sandales

взуття
..............
kurpes

гумові чоботи
..............
gumijas zābaki

труси
..............
apakšbikses

бюстгальтер
..............
krūšturis

нижня сорочка
..............
apakškrekls

одяг - apġērbs

боді

bodijs

штани

bikses

джинси

džinsi

спідниця

svārki

блузка

blūze

сорочка

krekls

пуловер

pulovers

светр

džemperis

піджак

žakete

куртка

jaka

пальто

mētelis

дощовик

lietus mētelis

костюм

kostīms

сукня

kleita

весільна сукня

kāzu kleita

костюм

uzvalks

нічна сорочка

naktskrekls

піжама

pidžama

сарі

sari

головна хустка

lakats

чалма

turbāns

бурка

burka

кафтан

kaftāns

абая

abaja

купальник

peldkostīms

плавки

peldbikses

шорти

šorti

тренувальний костюм

treniņtērps

фартух

priekšauts

рукавички

cimdi

гудзик

poga

окуляри

brilles

браслет

rokassprādze

ланцюг

kaklarota

кільце

gredzens

сережка

auskars

шапка

cepure

плічка

drēbju pakaramais

капелюх

platmale

краватка

kaklasaite

застібка-блискавка

rāvējslēdzējs

шолом

ķivere

підтяжки

bikšturi

шкільна форма

skolas forma

уніформа

uniforma

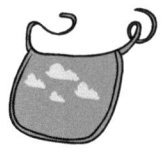

нагрудник

priekšautiņš

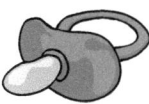

соска

māneklis

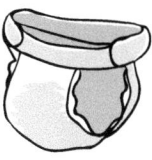

підгузок

autiņbiksītes

# офіс
# birojs

сервер
serveris
шаф для документів
dokumentu skapis
принтер
printeris
папір
papīrs
монітор
monitors
миша
pele
письмовий стіл
rakstāmgalds
папка
dokumentu vāki
синтезатор
klaviatūra
стілець
krēsls
кошик для паперу
papīrgrozs
комп'ютер
dators

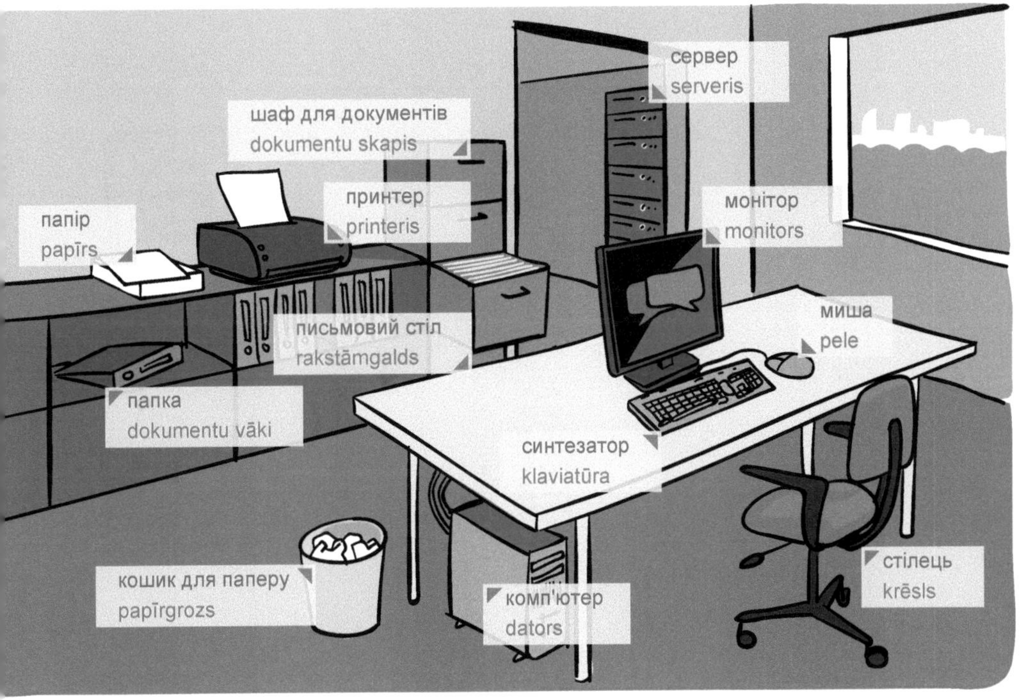

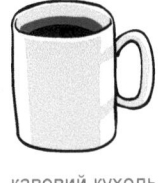

кавовий кухоль

kafijas krūze

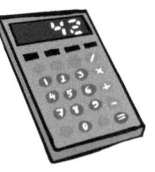

калькулятор

kalkulators

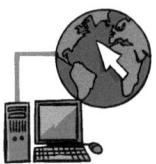

інтернет

internets

ноутбук

portatīvais dators

лист

vēstule

повідомлення

ziņa

мобільний телефон

mobilais tālrunis

мережа

tīkls

копіювальний пристрій

kopētājs

програмне забезпечення

programmatūra

телефон

telefons

розетка

rozete

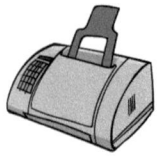

факс

faksa aparāts

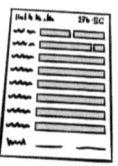

бланк

formulārs

документ

dokuments

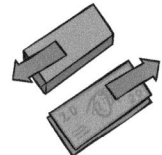

купувати

pirkt

платити

samaksāt

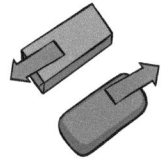

торгувати

tirgot

гроші

nauda

долар

dolārs

євро

eiro

ієна

jēna

рубль

rublis

франк

franks

юанів женьміньбі

juaņa renminbi

рупія

rūpija

банкомат

bankomāts

обмінний пункт

valūtas maiņas punkts

золото

zelts

срібло

sudrabs

нафта

nafta

енергія

enerģija

ціна

cena

контракт

līgums

податок

nodoklis

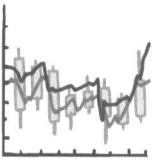

акція

akcija

працювати

strādāt

працівник

darbinieks

роботодавець

darba devējs

фабрика

fabrika

магазин

veikals

# професії
# profesijas

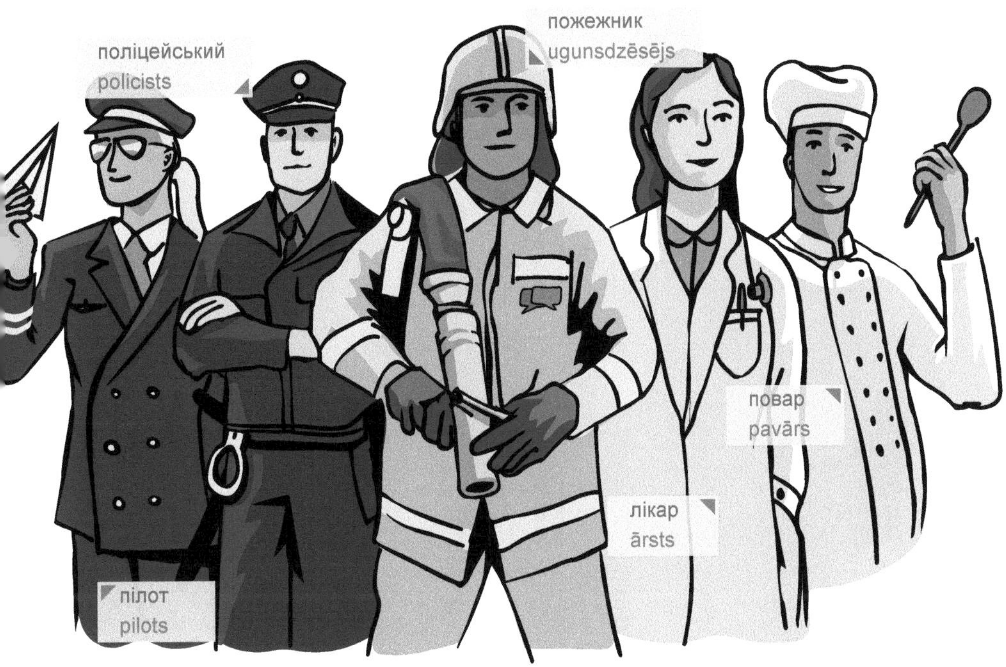

поліцейський
policists
пожежник
ugunsdzēsējs
повар
pavārs
лікар
ārsts
пілот
pilots


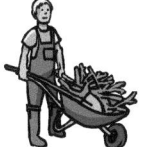

садівник

dārznieks

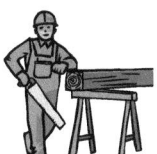

столяр

galdnieks

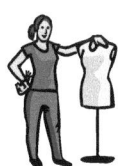

швачка

šuvēja

суддя

tiesnesis

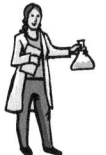

хімік

ķīmiķis

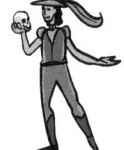

актор

aktieris

водій автобуса

autobusa vadītājs

таксист

taksometra vadītājs

рибалка

zvejnieks

прибиральниця

apkopēja

покрівельник

jumiķis

офіціант

viesmīlis

мисливець

mednieks

художник

gleznotājs

пекар

maiznieks

електрик

elektriķis

будівельник

celtnieks

інженер

inženieris

забійник

miesnieks

бляхар

skārdnieks

листоноша

pastnieks

**солдат**
karavīrs

**архітектор**
arhitekts

**касир**
kasieris

**флорист**
florists

**перукар**
frizieris

**кондуктор**
konduktors

**механік**
mehāniķis

**капітан**
kapteinis

**дантист**
zobārsts

**вчений**
zinātnieks

**рабин**
rabīns

**імам**
imāms

**монах**
mūks

**пастор**
mācītājs

# інструменти
# instrumenti

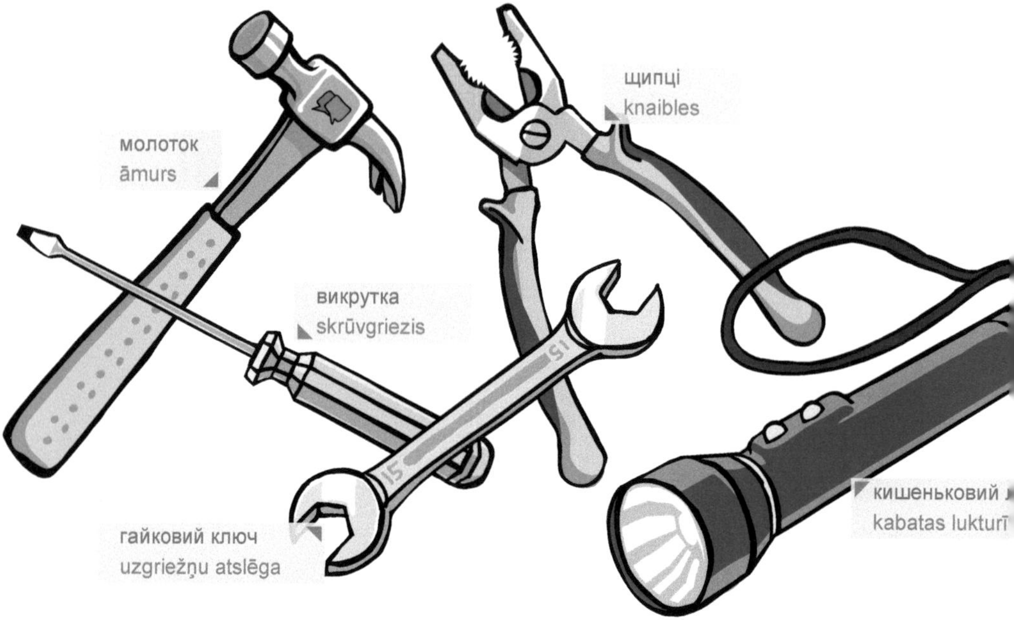

молоток
āmurs
щипці
knaibles
викрутка
skrūvgriezis
гайковий ключ
uzgriežņu atslēga
кишеньковий
kabatas lukturī


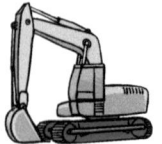

екскаватор

ekskavators

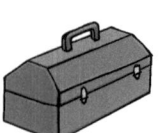

ящик для інструментів

instrumentu kaste

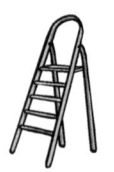

драбина

kāpnes

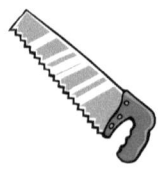

пилка

zāģis

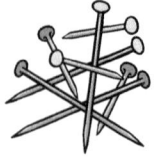

цвяхи

naglas

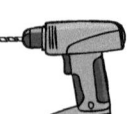

свердло

urbis

ремонтувати
remontēt

лопата
lāpsta

лайно!
Velns!

совок
liekšķere

відро з фарбою
krāsas bundža

гвинти
skrūves

## музичні інструменти
## mūzikas instrumenti

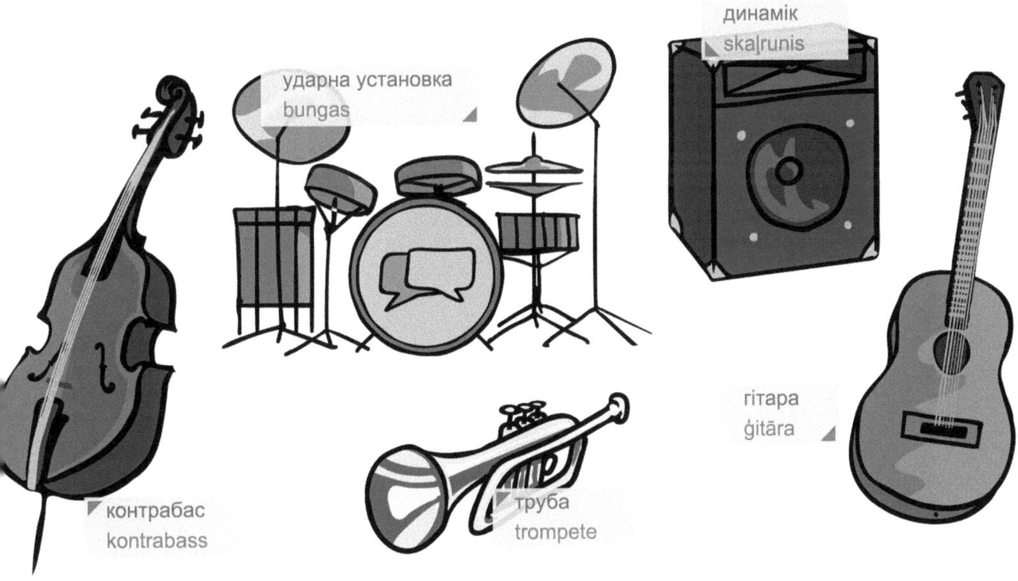

динамік
ska|runis

ударна установка
bungas

контрабас
kontrabass

труба
trompete

гітара
ģitāra

фортепіано

klavieres

скрипка

vijole

бас

bass

литаври

timpāni

барабан

bungas

клавіатура

digitālās klavieres

саксофон

saksofons

флейта

flauta

мікрофон

mikrofons

# зоопарк

# zooloģiskais dārzs

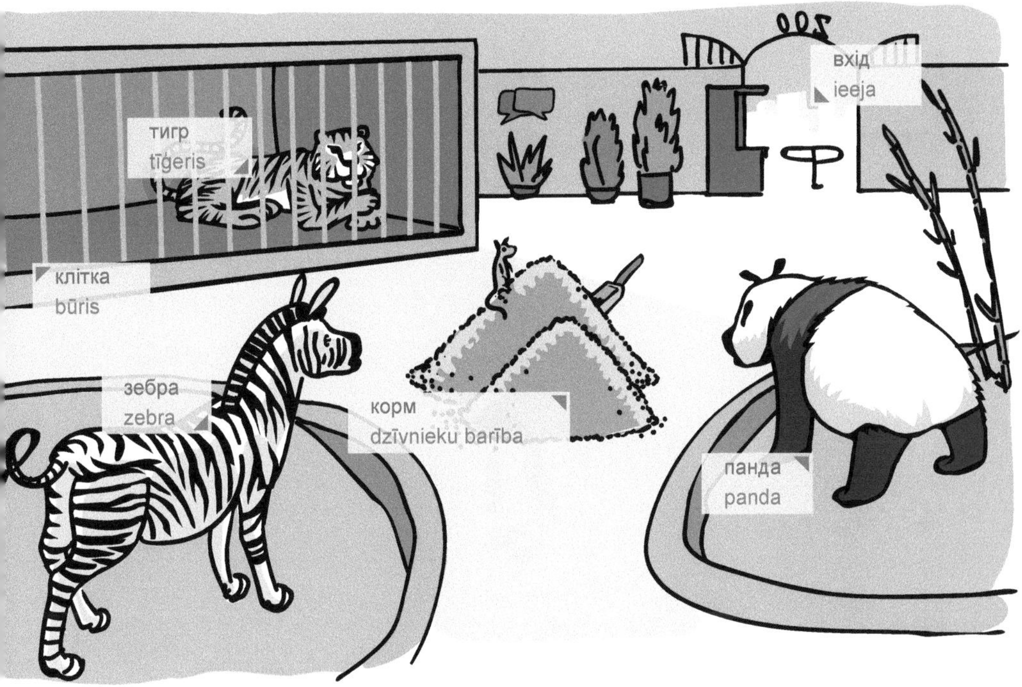
тигр
tīģeris
вхід
ieeja
клітка
būris
зебра
zebra
корм
dzīvnieku barība
панда
panda

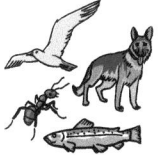

тварини
dzīvnieki

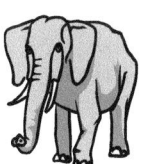

слон
zilonis

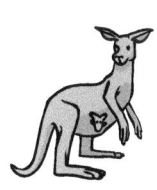

кенгуру
ķengurs

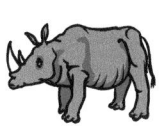

носоріг
degunradzis

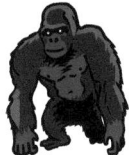

горила
gorilla

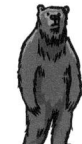

ведмідь
lācis

верблюд

kamielis

страус

strauss

лев

lauva

мавпа

pērtiķis

фламінго

flamings

папуга

papagailis

білий ведмідь

polārlācis

пінгвін

pingvīns

акула

haizivs

павич

pāvs

змія

čūska

крокодил

krokodils

працівник зоопарку

zoodārza sargs

тюлень

ronis

ягуар

jaguārs

поні
ponijs

леопард
leopards

гіпопотам
nīlzirgs

жираф
žirafe

орел
ērglis

кабан
meža cūka

риба
zivs

черепаха
bruņurupucis

морж
valzirgs

лисиця
lapsa

газель
gazele

американський футбол
amerikāņu futbols

їзда на велосипеді
riteņbraukšana

теніс
teniss

баскетбол
basketbols

плавання
peldēšana

бокс
bokss

хокей
hokejs

футбол
futbols

бадмінтон
badmintons

легка атлетика
vieglatlētika

гандбол
rokas bumba

лижні перегони
slēpošana

поло
polo

стрибати
lēkt

обіймати
apskaut

сміятися
smieties

йти
iet

співати
dziedāt

мріяти
sapņot

молитися
lūgt

цілувати
skūpstīt

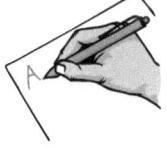

писати

rakstīt

малювати

zīmēt

показувати

rādīt

тиснути

spiest

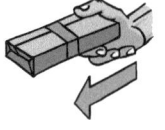

давати

dot

брати

ņemt

мати

būt

робити

darīt

бути

būt

стояти

stāvēt

бігати

skriet

тягнути

vilkt

кидати

mest

падати

krist

лежати

gulēt

очікувати

gaidīt

носити

nest

сидіти

sēdēt

одягати

uzģērbt

спати

gulēt

просипатися

pamosties

дивитися

skatīties

плакати

raudāt

гладити

glāstīt

розчісувати

ķemmēt

розмовляти

runāt

розуміти

saprast

питати

jautāt

слухати

dzirdēt

пити

dzert

їсти

ēst

прибирати

sakārtot

любити

mīlēt

варити

vārīt

їхати

braukt

літати

lidot

йти під вітрилом

burot

рахувати

rēķināt

читати

lasīt

вчитися

mācīties

працювати

strādāt

одружуватися

precēties

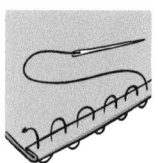

шити

šūt

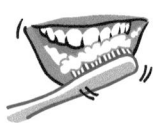

чистити зуби

tīrīt zobus

убивати

nogalināt

курити

smēķēt

посилати

sūtīt

бабуся
vecāmāte

дідуся
vectēvs

батько
tēvs

мати
māte

немовля
mazulis

донька
meita

син
dēls

гість

viesis

тітка

tante

дядько

onkulis

брат

brālis

сестра

māsa

# тіло

## ķermenis

чоло
piere
око
acs
плече
plecs
палець
pirksts
обличчя
seja
підборіддя
zods
кисть
roka
груди
krūtis
нога
kāja
рука
roka

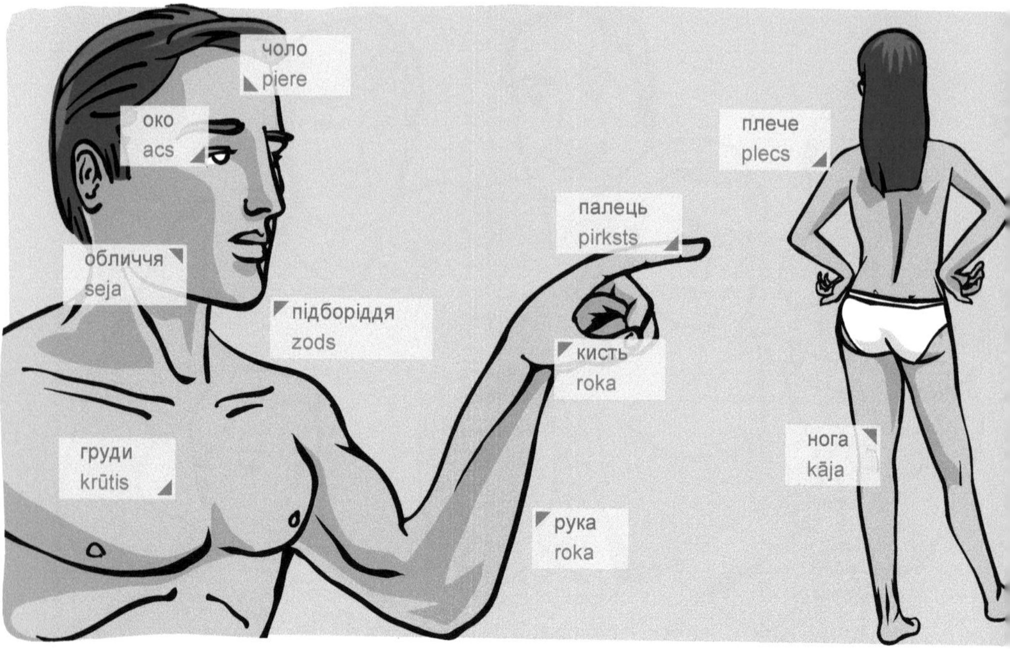

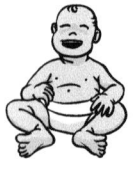

немовля
mazulis

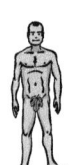

чоловік
vīrietis

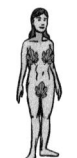

жінка
sieviete

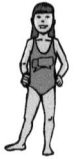

дівчина
meitene

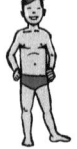

хлопчик
zēns

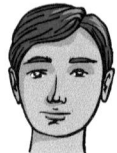

голова
galva

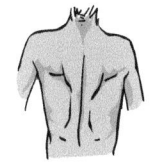

спина

mugura

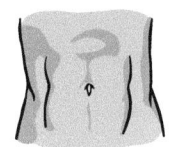

живіт

vēders

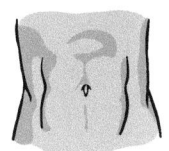

пуп

naba

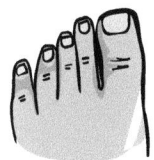

палець ноги

kājas pirksts

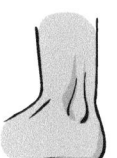

п'ята

papēdis

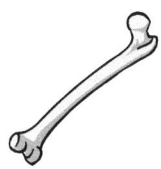

кістка

kauls

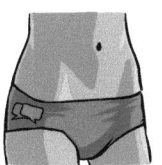

стегно

gurns

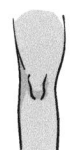

коліно

celis

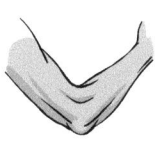

лікоть

elkonis

ніс

deguns

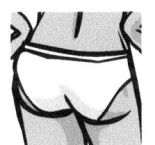

сідниці

dibens

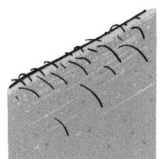

шкіра

āda

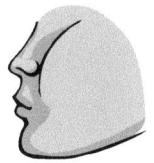

щока

vaigs

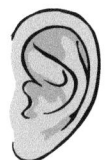

вухо

auss

губа

lūpa

рот

mute

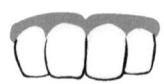

зуб

zobs

язик

mēle

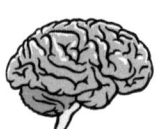

мозок

smadzenes

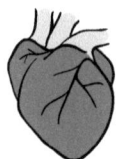

серце

sirds

м'яз

muskulis

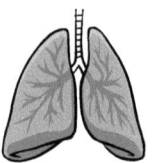

легені

plaušas

печінка

aknas

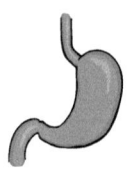

шлунок

kuņģis

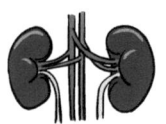

нирки

nieres

статевий акт

dzimumakts

презерватив

kondoms

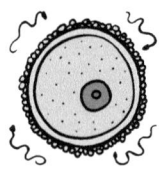

яйцеклітина

olšūna

сперма

sperma

вагітність

grūtniecība

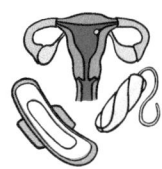

менструація
menstruācijas

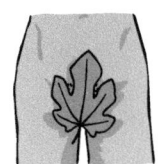

вагіна
vagīna

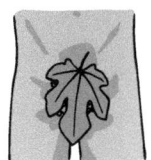

пеніс
penis

брова
uzacs

волосся
mati

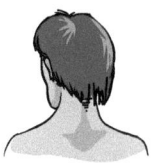

шия
kakls

# лікарня
# slimnīca

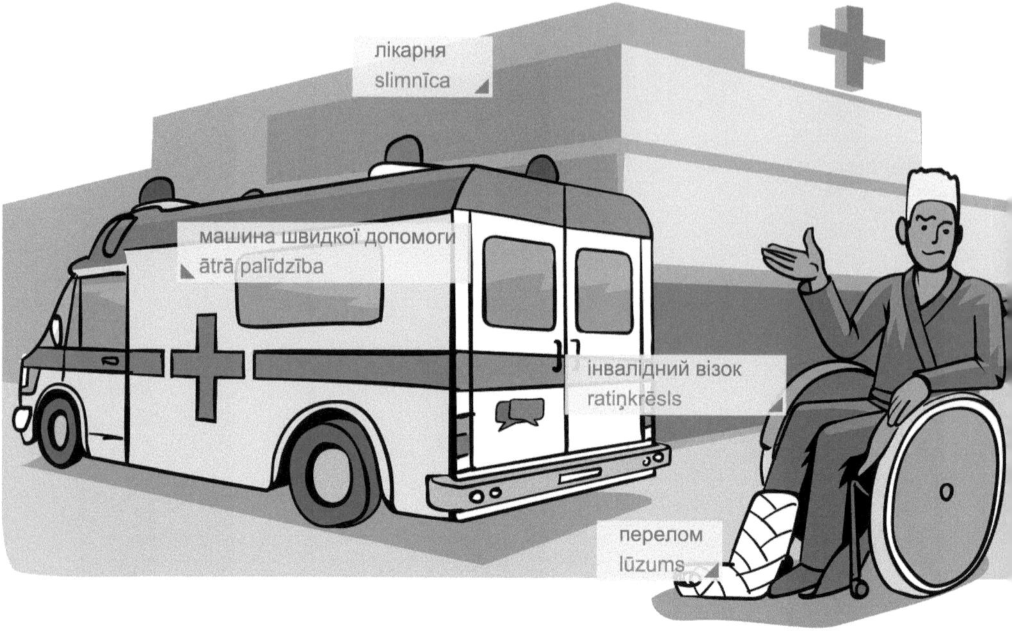

лікарня
slimnīca
машина швидкої допомоги
ātrā palīdzība
інвалідний візок
ratiņkrēsls
перелом
lūzums

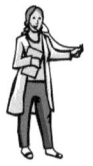

лікар

ārsts

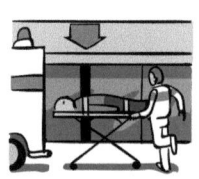

відділення швидкої медичної допомоги

neatliekamās palīdzības nodaļa

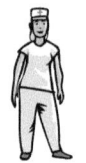

медсестра

medmāsa

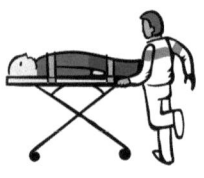

аварійний випадок

ārkārtas gadījums

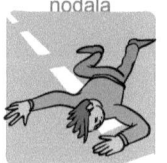

непритомний

paģībis

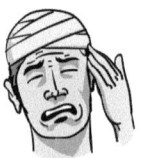

біль

sāpes

травма

ievainojums

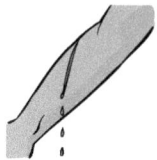

кровотеча

asiņošana

інфаркт

sirdslēkme

інсульт

insults

алергія

alerģija

кашель

klepus

лихоманка

temperatūra

грип

gripa

пронос

caureja

головна біль

galvassāpes

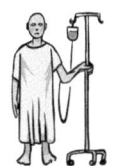

рак

vēzis

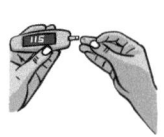

діабет

diabēts

хірург

ķirurgs

скальпель

skalpelis

операція

operācija

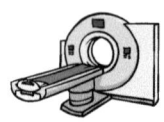

КТ

datortomogrāfija

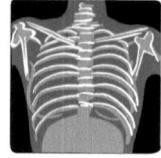

рентген

rentgents

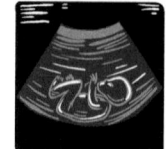

ультразвук

ultraskaņa

маска

sejas maska

хвороба

slimība

зал очікування

uzgaidāmā telpa

милиця

kruķis

пластир

plāksteris

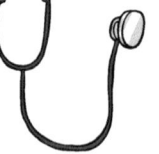

пов'язка

apsējs

ін'єкція

injekcija

стетоскоп

stetoskops

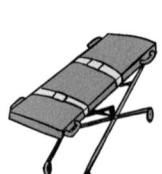

ноші

nestuves

термометр

termometrs

народження

dzemdības

надмірна вага

liekais svars

слуховий апарат

dzirdes aparāts

дезінфікуючий засіб

dezinfekcijas līdzeklis

інфекція

infekcija

вірус

vīruss

ВІЛ / СНІД

HIV / AIDS

медицина

zāles

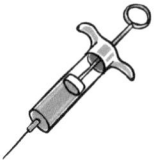

вакцинація

pote

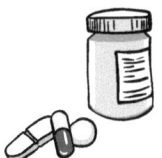

таблетки

tabletes

протизаплідна пігулка

pretapaugļošanās tablete

екстрений виклик

ārkārtas izsaukums

тонометр

asinsspiediena mērītājs

хворий / здоровий

slims / vesels

Допоможіть!

Palīgā!

сигнал тривоги

trauksme

напад

uzbrukums

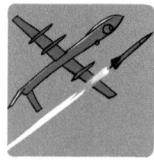

атака

uzbrukums

небезпека

bīstamība

аварійний вихід

avārijas izeja

Вогонь!

Uguns!

вогнегасник

ugunsdzēšamais aparāts

аварія

negadījums

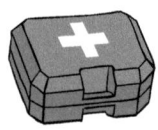

аптечка

pirmās palīdzības aptieciņa

СОС

SOS

поліція

policija

Європа

Eiropa

Північна Америка

Ziemeļamerika

Південна Америка

Dienvidamerika

Африка

Āfrika

Азія

Āzija

Австралія

Austrālija

Атлантика

Atlantijas okeāns

Тихий океан

Klusais okeāns

Індійський океан

Indijas okeāns

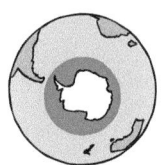

Антарктичний океан

Dienvidu okeāns

Північний Льодовитий океан

Ziemeļu ledus okeāns

Північний полюс

Ziemeļpols

Південний полюс

Dienvidpols

Антарктика

Antarktika

Земля

zeme

суша

zeme

море

jūra

острів

sala

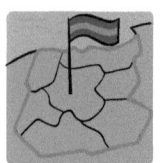

нація

nācija

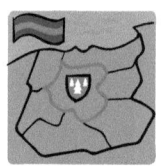

держава

valsts

циферблат

ciparnīca

годинникова стрілка

stundu rādītājs

хвилинна стрілка

minūšu rādītājs

секундна стрілка

sekunžu rādītājs

Котра година?

Cik ir pulkstenis?

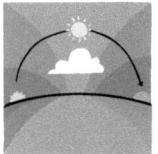

день

diena

час

laiks

зараз

tagad

цифровий годинник

digitālais pulkstenis

хвилина

minūte

година

stunda

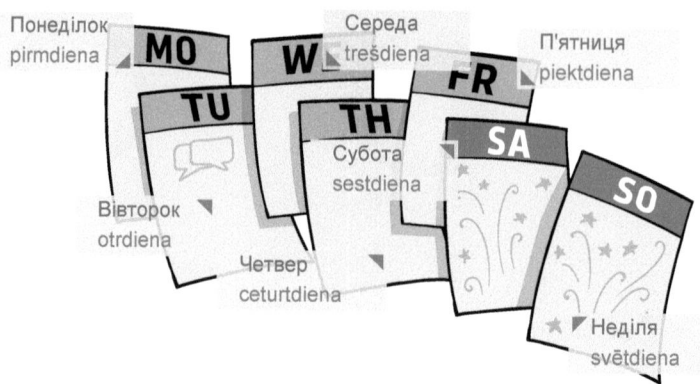

Понеділок / pirmdiena — MO
Вівторок / otrdiena — TU
Середа / trešdiena — W
Четвер / ceturtdiena — TH
П'ятниця / piektdiena — FR
Субота / sestdiena — SA
Неділя / svētdiena — SO

вчора

vakardien

сьогодні

šodien

завтра

rītdien

ранок

rīts

опівдні

pusdienlaiks

вечір

vakars

| MO | TU | WE | TH | FR | SA | SU |
|----|----|----|----|----|----|----|
| 1 | 2 | 3 | 4 | 5 | 6 | 7 |
| 8 | 9 | 10 | 11 | 12 | 13 | 14 |
| 15 | 16 | 17 | 18 | 19 | 20 | 21 |
| 22 | 23 | 24 | 25 | 26 | 27 | 28 |
| 29 | 30 | 31 | 1 | 2 | 3 | 4 |

робочі дні

darbadienas

| MO | TU | WE | TH | FR | SA | SU |
|----|----|----|----|----|----|----|
| 1 | 2 | 3 | 4 | 5 | 6 | 7 |
| 8 | 9 | 10 | 11 | 12 | 13 | 14 |
| 15 | 16 | 17 | 18 | 19 | 20 | 21 |
| 22 | 23 | 24 | 25 | 26 | 27 | 28 |
| 29 | 30 | 31 | 1 | 2 | 3 | 4 |

кінець робочого тижня

brīvdienas

дощ
lietus

веселка
varavīksne

вітер
vējš

сніг
sniegs

весна
pavasaris

осінь
rudens

літо
vasara

зима
ziema

| 4.APRIL | 11° | ☀ |
| 5.APRIL | 4° | ⛅ |
| 6.APRIL | 13° | ☁ |
| 7.APRIL | 8° | ❄ |
| 8.APRIL | 10° | ☀ |

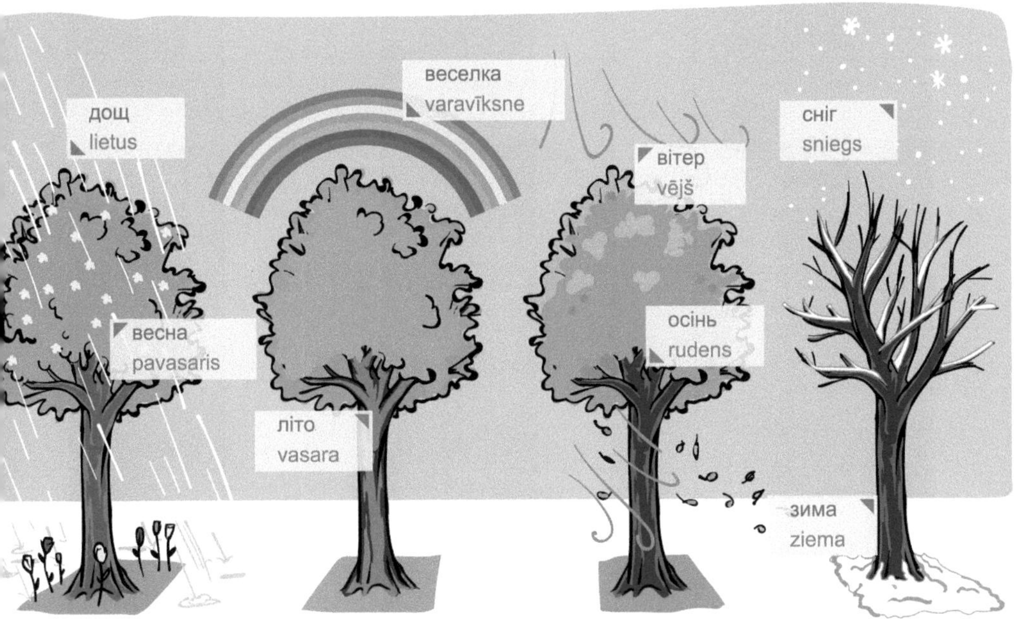

прогноз погоди

laika prognoze

термометр

termometrs

сонячне світло

saules gaisma

хмара

mākonis

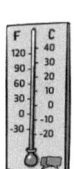

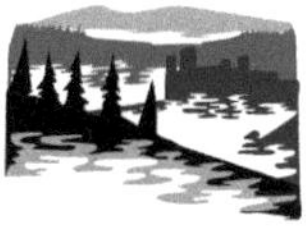

туман

migla

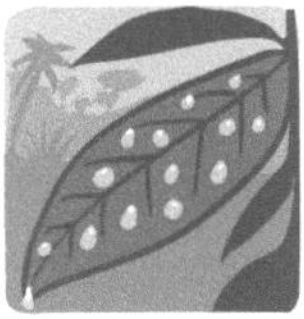

вологість повітря

gaisa mitrums

блискавка

zibens

грім

pērkons

шторм

vētra

град

krusa

мусон

musons

повінь

plūdi

лід

ledus

Січень

janvāris

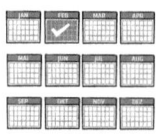

Лютий

februāris

Березень

marts

Квітень

aprīlis

Травень

maijs

Червень

jūnijs

Липень

jūlijs

Серпень

augusts

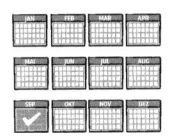

Вересень
...............
septembris

Жовтень
...............
oktobris

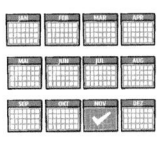

Листопад
...............
novembris

Грудень
...............
decembris

## форми

### formas

круг
...............
aplis

квадрат
...............
kvadrāts

прямокутник
...............
četrstūris

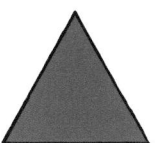

трикутник
...............
trīsstūris

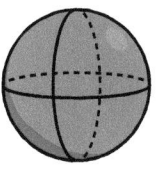

куля
...............
lode

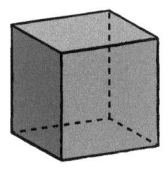

куб
...............
kubs

білий

balts

жовтий

dzeltens

помаранчевий

oranžs

рожевий

sārts

червоний

sarkans

фіолетовий

lillā

синій

zils

зелений

zaļš

коричневий

brūns

сірий

pelēks

чорний

melns

багато / мало

daudz / maz

лютий / мирний

saniknots / miermīlīgs

гарний / бридкий

skaists / neglīts

початок / кінець

sākums / beigas

великий / малий

liels / mazs

світлий / темний

gaišs / tumšs

брат / сестра

brālis / māsa

чистий / брудний

tīrs / netīrs

завершений / незавершений

pilnīgs / nepilnīgs

день / ніч

diena / nakts

мертвий / живий

miris / dzīvs

широкий / вузький

plats / šaurs

їстівний / неїстівний

baudāms / nebaudāms

злий / дружній

nikns / laipns

збуджений / нудьгуючий

satraukts / garlaikots

товстий / тонкий

resns / tievs

спочатку / востаннє

pirmais /pēdējais

друг / ворог

draugs / ienaidnieks

повний / порожній

pilns / tukšs

жорсткий / м'який

ciets / mīksts

важкий / легкий

smags / viegls

голод / спрага

izsalkums / slāpes

хворий / здоровий

slims / vesels

незаконний / законний

nelegāls / legāls

розумний / дурний

inteliģents / dumjš

вліво / вправо

kreisais / labais

поруч / далеко

tuvu / tālu

новий / використаний

jauns / lietots

нічого / щось

nekas / kaut kas

старий / молодий

vecs / jauns

вкл / викл

ieslēgts / izslēgts

відкрито / закрито

atvērts / slēgts

тихо / гучно

kluss / skaļš

багатий / бідний

bagāts / nabags

правильно / неправильно

pareizi / nepareizi

шорсткий / гладкий

raupjš / gluds

сумний / щасливий

noskumis / laimīgs

короткий / довгий

īss / garš

повільно / швидко

lēns / ātrs

вологий / сухий

slapjš / sauss

гарячий / холодний

silts / vēss

війна / мир

karš / miers

протилежності - pretstati

**0**

нуль

nulle

**1**

один

viens

**2**

два

divi

**3**

три

trīs

**4**

чотири

četri

**5**

п'ять

pieci

**6**

шість

seši

**7**

сім

septiņi

**8**

вісім

astoņi

**9**

дев'ять

deviņi

**10**

десять

desmit

**11**

одинадцять

vienpadsmit

**12**

дванадцять

divpadsmit

**13**

тринадцять

trīspadsmit

**14**

чотирнадцять

četrpadsmit

**15**

п'ятнадцять

piecpadsmit

**16**

шістнадцять

sešpadsmit

**17**

сімнадцять

septiņpadsmit

**18**

вісімнадцять

astoņpadsmit

**19**

дев'ятнадцять

deviņpadsmit

**20**

двадцять

divdesmit

**100**

сто

simts

**1.000**

тисяча

tūkstotis

**1.000.000**

мільйон

miljons

англійська

angļu

американська англійська

amerikāņu angļu

китайська
високочиновницька

ķīniešu mandarīnu valoda

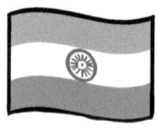

хінді

hindi

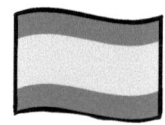

іспанська

spāņu

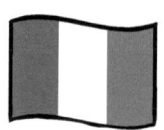

французька

franču

арабська

arābu

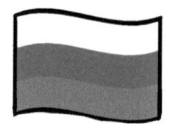

російська

krievu

португальська

portugāļu

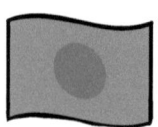

бенгальська

bengāļu

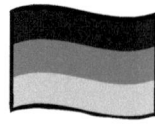

німецька

vācu

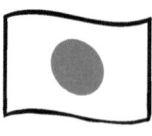

японська

japāņu

я
es

ти
tu

він / вона / воно
viņš / viņa

ми
mēs

ви
jūs

вони
viņi / viņas

хто?
kas?

що?
ko?

як?
kā?

де?
kur?

коли?
kad?

ім'я
vārds

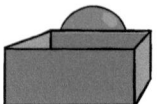

ззаду

aiz

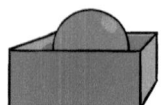

в

iekšā

перед

priekšā

над

virs

на

uz

під

zem

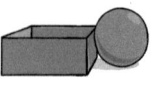

біля

blakus

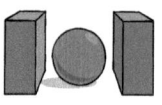

між

starp

місце

vieta